Manual de la

Perfecta Cabrona

Elizabeth Hilts

Manual de la *Perfecta Cabrona*

SOURCEBOOKS, INC.
NAPERVILLE, ILLINOIS

Published by Sourcebooks, Inc.
P.O. Box 4410, Naperville, Illinois 60567-4410
(630) 961-3900
Fax: (630) 961-2168
www.sourcebooks.com

ISBN-13: 978-1-4022-0887-4
ISBN-10: 1-4022-0887-1

Título original: GETTING IN TOUCH WITH YOUR INNER BITCH
Traducción: Berenice García Lozano.

Copyright © 2003 por Editorial Diana, S.A. de C.V.
Arenal No. 24, Edif. Norte,
Ex Hacienda Guadalupe Chimalistac,
01050, México, D.F.
www.diana.com.mx

Printed and bound in the United States of America
DR 10 9 8 7 6 5 4 3 2 1

DEDICATORIA

Este libro es para mi hija,
Shannon Hillory Hector,
cuya visión y ayuda
fue esencial
para realizarlo;
y para mi padre,
Robert Gifford Hilts,
a quien sigo extrañando
cada día.

¿PODRÍAS ACEPTAR MÁS
TRABAJO SIN UN AUMENTO
O UN NUEVO NOMBRAMIENTO?

ME GUSTARÍA QUE LLAMARAS
MÁS SEGUIDO.

¿PODRÍAS PREPARAR DOCE
DOCENAS DE GALLETAS PARA
LA VENTA? PERDÓN POR NO
AVISARTE CON MÁS TIEMPO.

RECONOCIMIENTOS

Me gustaría agradecer a las siguientes personas por haber participado en la realización de este libro: Jim Motavalli (quien creyó en mí mucho antes de que yo misma lo hiciera); Mary Ann Masarech; Laura Fedele; Judith Gardner; Karen Drena; Piper Machette; Richard Howe; mi hada madrina, Jocelyn K. Moreland; Felicia y David Robinson (quienes me dieron asilo en las primeras etapas de este libro); Jeff Yoder; Tom Connor; Sarah Waite y Lysbeth Guillorn, por su trabajo de investigación y edición; las caricaturistas Nicole Hollander, Marian Henley y Mary Lawton; Mace Norwood (quien ha estado en lo correcto durante todos estos años); y a todos mis amados amigos a los que, por ser demasiado maravillosos (y numerosos), es imposible mencionar por su nombre.

Un agradecimiento especial a Deborah Werksman por su paciencia extrema, su constante amabilidad, su entusiasmo ilimitado y, sobre todo, su gentil honestidad y perspicacia.

Contenido

"Teníamos tanto
en común:
yo lo amaba
y él se amaba
a sí mismo."

Shelley Winters

INTRODUCCIÓN

PLANTADA, PERO CON LOS OJOS ABIERTOS

Permítanme un momento para explicar por qué escribí este libro.

Todo empezó en febrero de 1993, con mi artículo "Ponte en contacto con la Cabrona que llevas dentro", publicado en *Hysteria*, una revista de humor para mujeres.

La revista se publicó, una personalidad en el medio de las comunicaciones vio el artículo y me llamó para que diera una entrevista en la radio, y de repente, fui considerada como la experta en la Cabrona que llevamos dentro.

Pues bien, lo soy. Pero antes de que ella se convirtiera en el objeto de mi especialización, era experta en lindura tóxica. Desde el día de mi nacimiento me entrenaron en los pormenores de la lindura. La primera frase que mi madre me dirigía siempre era: "Elizabeth, compórtate".

Y lo intenté. De verdad. Procuré ser un parangón de la amabilidad: una Melanie Wilkes, una Beth de *Mujercitas* (¿o era Amy?), una Nancy Drew. Memoricé los nombres de la familia más tóxica, los Lindo: Actuar, Hablar, Sentarse, Pensar e, incluso, Vestir.

Hablar Lindo fue difícil. Intenté mantener un volumen de voz bajo y bien modulado. Cuando eso no funcionó, subí el tono de mi voz una octava, lo que me obligó a susurrar. Yo creía que sonaba dulce; todos los demás, que tenía laringitis.

Vestir Lindo casi me hace perder la razón. Vestir Lindo, cuando lo que yo quería era usar blusas cortas. ¡Escotes! ¡Ropa entallada!

Pero, al final, fue el viejo Actuar Lindo el más tóxico de los Lindo para mí. Simplemente, no podía hacerlo. Reía ruidosamente; decía lo que pasaba por mi mente. Cuando era adolescente, mis amigas solían decirme: "¡Deja de hacer el ridículo!"

Si era necesario guardar una discreción extrema, me daban un codazo y siseaban, "¡Liiiiiiz!"

En privado se morían de risa al recordar la historia de mi última conducta inconcebible.

Además, todas sabíamos la verdad: eran las cabronas quienes obtenían lo mejor. Digo, Scarlett O´Hara era la estrella de la película, ¿no es cierto? Y ella obtuvo resultados. Melanie pudo haberse quedado con Ashley, ¿pero quién quería a Ashley? Cualquiera con un poco de visión podía ver que Ashley era... Ashley.

Pero los parámetros de la lindura permanecieron frente a mí hasta que ESO sucedió. El incidente que al fin me hizo ver que la lindura podía ser tóxica.

EL MOMENTO DE LA VERDAD

El suceso tuvo que ver con un hombre. En mi caso la frase puede completarse si al final añadimos "por supuesto". Contar esto me resulta muy embarazoso, pero sé que debo hacerlo. He aquí lo que aconteció: me dejaron plantada.

Sí. Me quedé sentada en mi sala un sábado por la noche, después de haberme probado y quitado cinco conjuntos diferentes (y fabulosos). Llamé a su casa, me respondió la contestadora. Dejé un mensaje: "Hola, son casi las 9:00. Se te ha de haber hecho tarde. Nos vemos aquí." 9:15, 9:45. Subí a mi cuarto a las 10:30, me quité el maquillaje y me metí en la cama, donde di vueltas y pasé de la preocupación al enojo, y otra vez a la preocupación durante toda la noche.

Al día siguiente llamó con un pretexto muy poco convincente. "Me comprendes, ¿verdad?"

Por supuesto. Comprendía totalmente. Pero, aun así, lo perdoné porque era lindo y de verdad me gustaba. Y porque a nadie le gustan las cabronas. ¿Cómo podría una chica linda como yo permanecer enojada? Me pidió otra oportunidad y se la di.

Imaginan bien, sucedió de nuevo. ¡Y esta vez ¡exploté! Enfurecida, llamé para maldecir y despotricar en su contestadora hasta que se cortó la llamada. Después volví a marcar para gritar un poco más. Al final, agotada, el viejo entrenamiento hizo su aparición. "Lo siento, pero estoy herida", susurré con voz áspera por teléfono. "Por favor, llámame."

¿Vieron eso? ¿Vieron lo que hice? Ni yo misma puedo creerlo. ¡Pedí perdón! ¡Le dije a su contestadora que estaba herida! No estaba herida, ¡estaba furiosa! Pero, ¿saben?, él era lindo, y pensé que, quizá, podría ser que me gustara de verdad, y él jamás me trataría tan mal si supiera qué tan linda chica era yo.

A la cuenta de tres: ¡Sí, cómo no!

¡SÍ! Y cuando me di cuenta de lo que había hecho, en el acto decidí que era tiempo de abandonar la lindura tóxica. Era tiempo de emular a las perfectas cabronas del mundo. Tomaría una página de su libro, como mi madre solía decir.

Pero no había tal libro.

Hasta ahora.

"Ninguna mujer
es toda dulzura."

Mme. Récamier

CAPÍTULO UNO

LINDURA TÓXICA

La lindura tóxica es lo que nos sucede cuando interiorizamos a la familia Lindo. La lindura tóxica es como la levadura. Ésta hace que la masa adquiera una consistencia suave y ligera. La lindura tóxica nos lleva a hacer de la vida algo suave y ligero... para todos los demás. Quienes sufrimos de lindura tóxica trabajamos duro para hacer más dulce el panorama, utilizando nuestra "azúcar" personal para preparar limonada con los limones de la vida. Con frecuencia, esto se logra a un costo terrible.

El hecho de que estés leyendo este libro es una prueba de tu voluntad para abandonar la lindura tóxica. ¿Has sufrido durante mucho tiempo este síndrome? Contesta las siguientes preguntas:

1. ¿Alguna vez has querido cantarle sus verdades a alguien y, en lugar de eso, has comido un pedazo de pastel?

2. ¿Qué tal el pastel entero?

3. ¿Alguna vez has dicho: "¡No sé qué me pasó!"?

4. ¿Alguna vez has rechazado una invitación para salir un sábado por la noche por esperar la del nuevo galán?

5. ¿Alguna vez te has quedado sola en casa el sábado por la noche porque el nuevo galán jamás llamó?

6. ¿Alguna vez has dicho "sí" cuando lo que querías decir era "yo creo que no"?

7. ¿Te disculpas con frecuencia?

8. ¿Opinas que el *strapless* es atrevido y por ello has elegido un vestido de dama de honor con tirantes?

Si contestaste afirmativamente a cualquiera de estas preguntas, de seguro estás utilizando demasiada miel. Pero no todo está perdido, tranquilízate. La lindura tóxica no debe seguir siendo un problema.

La Cabrona que llevas dentro te espera. Continúa leyendo.

SYLVIA
POR NICOLE HOLLANDER

PROTECTOR

DESCONSIDERADO

"Hasta que no pierdes
tu reputación, no te das cuenta
de lo pesada que
era ni de lo que es
realmente la libertad."

Margaret Mitchell

CONOCE A TU CABRONA INTERIOR

Existe una parte poderosa y esencial en cada una de nosotras que hasta ahora no ha sido reconocida ni su energía explotada. Años de represión han ocultado este aspecto en los rincones y las grietas de nuestras almas. Debido a que no lo comprendemos, hacemos todo lo posible por mantenerlo en la oscuridad, donde creemos que pertenece.

Se trata de la Cabrona Interior. No pretendas no saber de qué hablo.

Todas la conocemos. Ella flota constantemente justo bajo la superficie de nuestra conciencia y nuestra cultura. Ella es parte de nosotras, es inteligente, segura y digna, y sabe lo que quiere. Nos dice que no nos conformemos con menos. Nos advierte cuando estamos a punto de embarcarnos en una conducta autodestructiva.

La Cabrona Interior no es esa parte de nosotras que a veces se muestra estúpida o ruin o carente de sentido del humor. No cae en conductas de autoderrota, ni abusa de sí misma ni de los demás.

La Cabrona Interior no participa en discusiones de poca importancia, ni siquiera por actitud deportiva. ¿Para qué molestarse?

La Cabrona Interior jamás entra en una batalla de ingenios con un oponente desarmado. Y jamás teme decir: "Que se vayan al diablo si no aguantan una broma".

Sostengo esta verdad como algo evidente: al liberar a nuestra Cabrona Interior podemos utilizar su poder y energía para nuestros objetivos más elevados.

Si la ignoramos, nos arriesgamos a que enloquezca cuando la presión de ser linda se vuelva insoportable. Todas hemos sido testigos de ello y no es un panorama agradable.

Cuando no reconocemos a nuestra Cabrona Interior, nos salen granos o engordamos, o adelgazamos demasiado, y nos volvemos controladoras, manipuladoras, lloronas o histéricas. No insistimos en practicar sexo seguro.

Nada de eso es productivo y algunas de estas cosas resultan francamente peligrosas.

¿Cómo terminamos con estas conductas autodestructivas, en especial después de toda una vida de lindura tóxica?

Lo único que se necesita es una pequeña frase:

"YO CREO QUE NO"

Todas lo pensamos, sin embargo ahuyentamos esa idea como si fuera un mosquito molesto. "Eso no es lindo", pensamos; pero el precio que debemos pagar es muy alto.

Quizá te preguntes, "¿puedo ser linda sin ser tóxica?

¡Claro que sí! De hecho, ponerte en contacto con tu Cabrona Interior en realidad te ayuda a ser linda de verdad. Hay un mundo de diferencia entre parecer linda y ser linda.

Tu Cabrona Interior no quiere que seas mala. Quiere que seas firme. Quiere que seas razonable. Y quiere que seas gentil, sobre todo contigo misma.

DECIR "YO CREO QUE NO"

Inténtalo. Empieza poco a poco. Imagina una situación en tu vida en la que sea aplicable. Por ejemplo:

- Tu hija de 22 años quiere mudarse a su antigua recámara sin pagar alquiler, con su novio y la motocicleta de éste.

  Tú dices: "Yo creo que no".

- El hombre con el que has estado saliendo durante un mes te exige, en un ataque de celos, que canceles una comida con un cliente importante.

  Tu respuesta: "Yo creo que no".

- Tu mamá quiere que conozcas al hijo de su compañera del grupo de canasta. "Sólo una pequeña cena, querida. Hicimos reservaciones para ustedes en el *Four Seasons* después del teatro".

Tú sonríes: "Mamá, yo creo que no".

- Tu jefe sugiere con insistencia que inviertas tu aguinaldo en la última empresa arriesgada de su primo.

Tú contestas: "Yo creo que no".

DECIR MÁS CON MENOS

¿Ves? Funciona. Nadie puede malinterpretar el significado de la frase. Argumentar en contra es inútil; ¿cómo puede alguien suponer que crees algo si tú afirmas lo contrario?

Es suave. Es cortés; pero fuerte, firme e indiscutible.

Lo mejor de la frase "yo creo que no" es que puede utilizarse en cualquier momento durante una conversación. Si adviertes que estás deslizándote por la rampa de la lindura tóxica, es muy fácil detener la caída. Y si olvidas decirlo, no te preocupes, sin lugar a dudas se te presentará de nuevo la oportunidad.

DECIR MÁS

Naturalmente, habrá ocasiones en las que decir "yo creo que no" no será suficiente. Es una base sobre la cual construir una especie de helado verbal. Añade el número de bolas que desees.

"No creo poder prestarte las arracadas de diamante de mi bisabuela, pero tengo unas de zirconio que puedes tomar."

"No creo que me quede."

"No creo que ese color me favorezca."

"No creo estar lista."

También existen esos casos que demandan cierta delicadeza combinada con la habilidad de tener los pies plantados sobre la tierra:

Estás en una fiesta. Un amigo de un amigo se presenta y te dice: "¿Sabías que Jim me dijo que eras la mujer perfecta para mí?" No tienes interés alguno en este hombre, pero, para ser cortés, le dices: "Yo creo que no, pero podemos platicar un poco".

Como puedes ver, la frase es cortés y razonable, nunca cruel y nada difícil de decir. Prueba con distintos tonos de voz. Dale un tono reflexivo o intenta poner énfasis en distintas palabras: yo creo que *no*, yo *creo* que no.

CREO QUE ME
GUSTARÍA
SER MENOS
CONDESCENDIENTE
Y MÁS CABRONA.

"Sólo empiezan a llamarte cabrona cuando alcanzas el éxito."

Judith Regan

CAPÍTULO TRES

EL PROBLEMA DEL TÍTULO

Algunas de nosotras podemos tener problema con utilizar el término "cabrona" para referirnos a nuestra persona. Podemos creer que hacerlo equivaldría a afirmar la imagen negativa que las mujeres asertivas han llevado durante años. Es decir, si expresamos lo que realmente pensamos, debemos ser unas cabronas.

Analicemos con detenimiento el punto.

¿Cuál es el problema exactamente? ¿En realidad nos estamos portando mal? ¿O estamos yendo demasiado rápido, adelantándonos, liberándonos de nuestro nicho designado?

El término "cabrona" nos advierte que es tiempo de refugiarnos lo más pronto posible en la lindura tóxica.

Todo lo que puedo decir es: "yo creo que no".

Por desgracia, muchas de nosotras hemos sido víctimas del prejuicio contra este calificativo. Reunamos a casi cualquier grupo de mujeres para que hablen de esta condición. Admitirán que existe. Aceptarán que en ocasiones han caído en comportamientos cabrones, pero sólo porque las forzaron a ello. En nuestros momentos más sinceros, hablaremos de nuestra condición de cabronas con orgullo gozoso. Porque, enfrentémoslo, ha habido momentos en nuestras vidas en los que ser cabrona ha sido divertido.

Pero pregúntenos si nos consideramos cabronas y diremos que no. Ay, no, no, no, no, ¡NO! Nos consideramos chicas amables que, de vez en cuando, se ven forzadas a defenderse actuando como cabronas. Son "esas otras mujeres" quienes en verdad son unas cabronas.

De nuevo, yo creo que no. De hecho, pienso que esta dinámica lleva en sí las semillas de la división. Un pequeño y sucio secreto es que la lindura tóxica funciona mejor cuando nuestra Cabrona Interior y nosotras estamos separadas, cuando estamos divididas y cuando entre nosotras no existe respeto.

¿QUÉ CAUSA ESTA DINÁMICA?

Esta pregunta podría mantener a sociólogos y teóricos ocupados durante años, quizá décadas. Está bien. Necesitan motivos para justificar el dinero que reciben por sus becas. La verdad, por simple que parezca, es la siguiente: la verdadera causa del problema del título de Cabrona Interior es el temor a ser llamada así.

Permítanme señalar algo: es sólo una palabra. Palos y piedras podrán romper nuestros huesos, pero las palabras no pueden lastimarnos.

SI TENGO EL NOMBRE, QUIERO EL JUEGO

Cualquier mujer que tiene éxito en algo será llamada cabrona. ¿Hillary Clinton? Cabrona. ¿Gloria Steinem? Cabrona. ¿Barbra Streisand? Cabrona. La lista sigue, sigue y sigue...

El punto es que, si no podemos evitarlo, ¿por qué no darle la bienvenida? Todas hemos tenido esta experiencia: en algún momento decimos frente a otras personas lo que pensamos de verdad sobre alguna cuestión o persona. Después, en otra ocasión, alguien nos dice: "Fulanito realmente pensó que eras una cabrona". (Si no te ha ocurrido todavía, sigue hablando, sucederá.)

La mayoría de nosotras se asegura de ser particularmente amable con el tal Fulanito durante el siguiente encuentro. Incluso podemos tomarnos la molestia de probar que el considerarnos cabronas no sólo es erróneo, sino también absolutamente injusto. O nos disculpamos dando explicaciones de todos los motivos por los que dijimos lo que dijimos. "Estaba muy presionada la última vez que nos vimos" o "Cielos, ¡no sé lo que me pasó!" O incluso, "Sabes, el síndrome premenstrual me afecta de verdad". Nos retractamos.

Qué sucedería si respondiéramos enviando a Fulanito un arreglo de flores agradeciéndole con una pequeña tarjeta que dijera: "Realmente aprecio que hayas reconocido a mi Cabrona Interior".

¿Qué pasaría si dejáramos de temer a esta pequeña palabra?

Otro punto que debe analizarse, y que requiere de una breve incursión en la retórica, es el siguiente: ¿Cómo llamamos a un hombre que habla por sí mismo, un hombre que es exigente consigo y con los que lo rodean, un hombre que se comporta como lo haría una cabrona que se respetara a sí misma? Exitoso.

¿A QUIÉN HAY QUE CULPAR?

Pues bien, a nadie. Quizá a todos. Sin embargo, existe un aspecto muy importante sobre la Cabrona Interior que no debe plantearse sin claridad:

LA EXISTENCIA DE LA CABRONA INTERIOR NO TIENE QUE VER CON LA CULPA

La Cabrona Interior simplemente existe, así como el cielo simplemente es el cielo, y los platos, una vez sucios, deben lavarse. No hay necesidad de señalar a nadie con el dedo. Y tampoco existe alguna razón para pedir perdón por estar en contacto con ella. Después de todo, ella es la parte de nosotras que sabe lo que en realidad nos importa y queremos.

Ella sabe que nos enorgullecemos de nuestro trabajo y que exigimos cierto nivel de los demás como de nosotras mismas.

Ella sabe que queremos que nuestros amantes nos complazcan en el sexo (adelante habrá más de esto).

Ella sabe que queremos que nuestra amiga, la novia, entienda que utilizar tafetán después de los doce años es vergonzoso.

Ella sabe que queremos que el mundo mida nuestros logros, y no nuestros cuerpos. Ella sabe que deseamos ser capaces de decir lo que sabemos, sin recibir sobrenombres.

Mientras sigamos negando que la Cabrona Interior es parte de nosotras, mientras continuemos rindiéndonos a la lindura tóxica, no obtendremos lo que queremos. No obtendremos lo que necesitamos, y ninguna de nosotras obtendrá realmente lo que es bueno para todas.

"La verdadera hermandad
entre mujeres [consiste en]…
un grupo de señoras en
bata aventándose *M&Ms*
y haciéndose reír."

Maxine Wilkie

CAPÍTULO CUATRO

¡PODEMOS
HABLAR!

No hay nada mejor que un grupo de mujeres reunidas con tiempo para hablar. ¿Y qué hacemos nosotras las mujeres cuando hablamos? Llegamos al fondo de las cosas. Es hermoso.

Empezamos en la adolescencia, cuando luchamos contra todo. Ahí es cuando descubrimos lo perspicaces que son nuestras amigas, lo bien que nos entienden.

Nos comprenden en cuanto al absurdo toque de queda, y el imposible examen de historia; se compadecen de nosotras por los dolorosos frenos, por el chico que no llama y por la blusa nueva que se encoge al lavarla; y desfallecen ante nuestros ídolos de adolescencia.

Una vez recuperadas de nuestros años de adolescencia (y la mayoría de nosotras lo hace, tarde o temprano), somos capaces de formar amistades fuertes y duraderas con otras mujeres. Nuestras mejores amigas son aquellas con quienes no escondemos a nuestra Cabrona Interior.

Mientras mis amigas y yo luchamos contra nuestra tendencia hacia la lindura tóxica, nuestra Cabrona Interior nos orilla a establecer fronteras que mantienen sana la amistad. ¿Chantaje emocional? ¿Revelar secretos? ¿Chisme sucio?

Yo creo que no.

AMIGAS DE VERDAD

¿Es fácil para dos o más mujeres en contacto con sus Cabronas Interiores ser amigas? Yo creo que no, pero ciertamente la amistad es más significativa que en aquellas relaciones basadas en la lindura tóxica.

Las reglas que rigen las relaciones entre mujeres son tan complejas que, en comparación, el nudo gordiano parece un juego de niños. Pero es esta complejidad lo que hace a este tipo de amistades tan gratificantes.

Las amigas que están en contacto con su Cabrona Interior con frecuencia son las que nos dan más apoyo, son a quienes acudimos cuando sentimos que nuestro carácter empieza a diluirse ante jefes poco razonables y fechas de entrega imposibles, frente al amante que de repente deja de llamar y por la pérdida del arete costoso. Son las que nos recuerdan la importancia de nuestros sueños y aspiraciones, exhortándonos silenciosa o ruidosamente cuando el camino parece demasiado empinado o largo.

El principal elemento del vínculo entre mujeres es el amor. Si no nos amáramos, no nos molestaríamos en decir la verdad. Simplemente nos dejaríamos resbalar de una decepción a la siguiente, con lo que reuniríamos suficiente experiencia como para convertirnos en cantantes de blues.

La maravilla de entrar en contacto con nuestra Cabrona Interior consiste en que podemos escuchar nuestra propia voz. La Cabrona Interior sabe lo que sabe y no tiene miedo de decirlo, pero depende de nosotras escucharla. El hecho es que, después de haber oído la misma melodía durante tanto tiempo, podemos saber cuándo va a empezar y, en ocasiones, podemos librar a una amiga del peligro.

Por ejemplo, cuando el Joe de nuestra amiga le rompe el corazón al irse a Hawai para ayudar a su amigo a empezar un negocio, ¿le echamos en cara que se lo habíamos advertido? Claro que no. Estar en contacto con nuestra Cabrona Interior requiere de sensibilidad.

> Ella: —¡No puedo creer que me haya dejado! ¡Y para vivir en un lugar que es cálido todo el año! Quizá deba ir tras él.

> Tú: —¿Sabías cuántos insectos venenosos existen en Hawai?

Después nos aseguramos de reunirnos con frecuencia para ver películas como *Thelma*

"Ámame
en todo mi ser."

Elizabeth Barrett Browning

CAPÍTULO CINCO

LA CABRONA
EN LA CAMA

Bueno, la Cabrona enamorada... ¡De verdad!
¿Cómo conservar a la Cabrona Interior en ese im-
petuoso ruedo de la vida que es el romance? Si es
verdad que lo que buscamos en nuestras parejas
es la intimidad, entonces es indispensable que
dichos compañeros estén al tanto de la existencia
de nuestra Cabrona Interior. No podemos establecer intimidad con nadie que no conozca y respete
cada aspecto de nuestra personalidad. La década
de los cincuenta probó lo anterior.

Enfrentémoslo: El romance es donde la lindura tóxica prevalece, y donde es más peligrosa,
también.

Muchas de nosotras tenemos miedo de que
los hombres que amamos no querrían saber nada
de nosotras si *realmente* llegaran a conocernos.

Pero cuando no conocen nuestro verdadero ser, vivimos con el temor de su desilusión si nos revelamos ante ellos.

¡Caramba, aquí tenemos un círculo vicioso! Estar en contacto con nuestra Cabrona Interior rompe ese ciclo.

EL CAMINO TÓXICO
HACIA LA INTIMIDAD

Éste casi siempre empieza en la primera cita.

A continuación, un guión en el que la lindura tóxica tiene un papel importante:

Posible pareja: —Estaba pensando que deberíamos ver una película.

Chica Linda: —Suena maravilloso.

En realidad, la Chica Linda odia el cine y preferiría hacer algo más interactivo, como jugar billar. Pero no se atreve a decirlo por temor a que su pretendiente piense que es demasiado dominante o demandante o... la lista continúa, pero siempre termina con la temible posibilidad de ser una cabrona ante los ojos del hombre.

Durante la primera cita, la Chica linda sin duda alguna pretenderá que sí se está divirtiendo, cuando lo que en realidad quiere es una oportunidad para conocer al individuo. Es probable que ella también le agradezca la maravillosa velada, pensando todo el tiempo: Si de verdad le gusto, luego haremos lo que yo quiera.

Por supuesto, jamás lo hacen. La Chica Linda continuará cediendo.

EL CAMINO DE LA CABRONA INTERIOR HACIA LA INTIMIDAD

Es mucho más sencillo cuando, desde el principio, olvidamos el miedo. Observa lo siguiente:

Él: —Estaba pensando en que podríamos ir al cine.

Ella: —Me gustaría conocerte mejor. ¿Qué te parece si vamos a jugar billar?

De esta forma, el individuo está al tanto de lo que ella quiere desde el principio. Y hay lugar para transigir. Ella ha sugerido lo que quiere hacer y ha dejado la puerta abierta para una contraoferta. Esto permite que la posible relación comience desde una base de igualdad.

Por supuesto, el hombre quizá no quiera transigir. Puede, de hecho, sentirse abrumado ante una mujer que no quiera acceder a cada sugerencia suya. Ese tipo de hombre desaparecerá tarde o temprano. Pero está bien, porque no deseamos un compañero así, ¿cierto?

¡Por supuesto que no!

EL SEXO Y LA CABRONA INTERIOR

Muy bien. Respira hondo. Ésta es reconocidamente una de las áreas más sensibles de nuestras vidas cuando se trata de la Cabrona Interior. En realidad, el sexo es una de las cuestiones más sensibles. Punto. De ahí se deduce que es de suma importancia estar en contacto con nuestra Cabrona Interior *antes* de acostarnos con alguien. He aquí el porqué.

Selectividad

Estar en contacto con nuestra Cabrona Interior nos garantiza la elección cuidadosa de las personas con las que compartiremos nuestros cuerpos.

Muchísimas de nosotras, por ser amables, hemos terminado acostándonos con personas con las que (después nos dimos cuenta) no querríamos tomar ni siquiera una taza de café. (Por favor, ¡sabes que es cierto!)

¿Las justificaciones? "No quería lastimar sus sentimientos". O, "No lo sé, sólo sucedió".

No hay necesidad de flagelarnos por lo que pasó. ¿Pero es necesario continuar haciéndolo?

Yo creo que no.

Orgasmos

La lindura tóxica puede ser un serio impedimento para la satisfacción sexual. "No quería que pensara que no era feliz", dice la Chica Linda, después de meses (o años) de sexo insatisfactorio. Estar en contacto con nuestra Cabrona Interior nos garantiza que llegaremos al orgasmo. Incluso con otras personas.

Y tampoco tenemos miedo de que nos digan lo que quieren que hagamos. Todo el mundo gana cuando la Cabrona está en la cama.

Sexo seguro

Estar en contacto con nuestra Cabrona Interior nos garantiza que, después de haber elegido con todo cuidado, no supondremos que por virtud de la lindura, sería imposible que nuestro compañero (o nosotras) tuviera una enfermedad de transmisión sexual. La lindura no inmuniza a nadie.

Insistir en practicar sexo seguro puede ser difícil, pero considera las alternativas. Entonces, ¿cómo aborda el tema la Cabrona Interior? De frente.

Por ejemplo: Todo es perfecto, las lámparas a media luz, la música toca suavemente y tú has pasado la noche entera midiendo el terreno. Respiran, se miran a los ojos. Nadie quiere romper el hechizo del momento, pero tú sabes que debes hacerlo.

—Querido —dices—. ¿Tienes condones?

—No, mi amor —contesta—, pero puedes confiar en mí.

—Yo creo que no —dices haciendo acopio de todo tu carácter.

Si su respuesta es:

—No, pero voy corriendo a la farmacia.

Ofrécete a conducir.

Y recuerda, ahora somos adultas. Está bien traer condones en la bolsa.

"El efecto de comer
demasiada lechuga
es soporífero."

Beatrix Potter

CAPÍTULO SEIS

MARAVILLOSA COMIDA

P: "¿La Cabrona Interior qué hace para la cena?

R: "Una elección."

La Cabrona Interior es una poderosa aliada en la constante lucha entre nuestra mente y nuestro cuerpo. Por ejemplo, mi mente dice: "Granos, vegetales, fruta". Mi cuerpo tiende a decir: "Queso fundido, queso fundido, chocolate". ¿Qué papel desempeña mi Cabrona Interior en todo esto? La voz de la razón, la voz del estómago.

Así es; la comida constituye una de las áreas en donde incluso la Cabrona Interior sirve a dos amos.

La diferencia es que el estar en contacto con nuestra Cabrona Interior nos ayuda a conservar la situación en perspectiva. Ella nos permite honrar nuestros deseos alimenticios, sin que olvidemos el mantenimiento de una buena salud.

¿Te suena familiar esta frase?: "¡Qué mal me he portado!"

Por supuesto que sí, y no hablamos de sexo. No, casi siempre nos referimos a algo que hemos comido. Chocolate, quizá; papas a la francesa; fettucini Alfredo; si consumimos algo que exceda a la lechuga y una Coca de dieta, nos juzgamos con la severidad de los calvinistas. Y usualmente nos condenamos a varios días de inanición, mediante agua embotellada y el insignificante pedazo de zanahoria o apio. Esto es "portarnos bien".

Pero es necesario hacerse esta pregunta: ¿Es bueno ser maniáticas y frívolas?

¡Yo creo que no!

¿Cómo podemos pensar y actuar en nuestro beneficio cuando estamos obsesionadas por conteos calóricos, básculas y cintas métricas?

DE VUELTA A LOS FUNDAMENTOS

Nuestra Cabrona Interior nos recuerda que la comida es básica para la supervivencia, sin mencionar la paz mental. Algunas veces resulta sencillamente consoladora. ¿Qué podría ser mejor después de un día realmente malo, que un gran plato de puré de papas al ajo? ¿O una bolsa entera de *M&Ms* de cacahuate? En primer lugar puede ser que nuestra Cabrona Interior nos haya evitado el día miserable, pero una vez que ha sucedido, ella sabe que cualquier medida para salvar un día de ser un desastre total es algo bueno.

La comida también puede ser un acontecimiento, una oportunidad para comunicarnos con las personas importantes de nuestras vidas.

Algunas de nosotras sentimos que el proceso de comprar y preparar la comida es algo relajante y creativo. Otras llegamos hasta el extremo de evitar cualquier cosa relativa a la comida excepto su consumo. Realmente no importa de qué lado estemos, porque la mecánica de la comida no es lo relevante. La comida es algo de lo que debemos ocuparnos, y nuestra Cabrona Interior nos permite hacer los arreglos alimenticios que funcionan para nosotras.

Cuando estamos en contacto con nuestra Cabrona Interior no tenemos que crear una comida profesional para los parientes políticos que jamás han sido amables con nosotras, o para socios que no nos toleran o para amigos con un paladar insensible.

Quizá el punto más importante sea éste: Nuestra Cabrona Interior considera con toda seriedad la comida, y todos los rituales que la rodean, pero no se deja llevar por las tiranías de la moda. ¿Está de acuerdo nuestra Cabrona Interior al respecto de las dietas que someten a una mujer adulta a un régimen con menos calorías que las adecuadas para un niño de dos años?

Yo creo que no.

¿Cuál es su respuesta a la expectativa de que toda mujer, sin importar su tipo natural de cuerpo deba utilizar tallas de ropa no mayores a la 28?

Yo creo que no.

Nuestra Cabrona Interior discierne lo absurdo de intentar parecerse a alguien más, cuando cada una de nosotras es ya una belleza.

"Son sólo nimiedades lo que irrita mis nervios."

Reina Victoria de Inglaterra

CAPÍTULO SIETE

LA VIDA COTIDIANA

Quizá pensemos en nuestra Cabrona Interior sólo a propósito de ocasiones especiales, como hacemos con un vestido de fiesta o un determinado lápiz labial. Tal vez digamos algo así: "Guardaré a mi Cabrona Interior para cuando la necesite de verdad. Después de todo, no quiero que se me gaste". Como si la Cabrona Interior fuera un par de zapatos baratos con suelas de mala calidad. ¿Podría algo tan poderoso ser tan frágil?

Yo creo que no.

La Cabrona Interior es perfecta para toda ocasión: casual, formal, privada o pública, como la ropa negra. Es una parte esencial de nuestra vida cotidiana.

Es necesario, sin embargo, utilizar nuestra capacidad de discernimiento al utilizar su poder.

ADVERTIR LA DIFERENCIA

Siempre habrá situaciones que no podamos modificar (el tráfico, la fila en la tienda de abarrotes, el aumento de actividad en la superficie solar). ¿Nos enfurecemos por ello?

Yo creo que no.

Saber que no tenemos poder sobre algunas situaciones nos consuela: nuestra Cabrona Interior no se molesta en gastar energía en aquello que trasciende su control.

Al mismo tiempo, habríamos de ser santas para no reaccionar ante la presión causada por las cosas que están fuera de nuestro alcance. Y quizá no reaccionar sería un síntoma de lindura tóxica. Sea como fuere, lo importante es recordar que la Cabrona Interior nos puede ayudar a responder, más que a reaccionar, a situaciones que se encuentran fuera de nuestro control.

CÓMO LOGRAR QUE LA FRASE "YO CREO QUE NO" FUNCIONE PARA NOSOTRAS

Pensemos en un día normal. Salimos cada mañana para hacer nuestras vidas y algo sucede. Siempre sucede algo. Estamos formadas en la cafetería esperando el turno para comprar nuestro *bagel* (ligeramente tostado, con un poco de queso crema) y, cuando la persona detrás del mostrador pregunta quién es el siguiente, alguien se para enfrente de nosotras diciendo: "Yo", y empieza a ordenar de una lista escrita a espacio sencillo en una hoja de papel tamaño oficio.

> "El lugar de la mujer
> está en la casa, el senado
> y la oficina presidencial."
>
> Anónimo

Vamos de compras al centro comercial. Al entrar en la tienda departamental nos topamos con la obligada proveedora de perfumes, con su veloz atomizador y su discurso ensayado sobre la forma en que esta fragancia cambiará nuestras vidas.

—¿Le gustaría experimentar *Raison d´Etre*? —pregunta.

Quizá nos encontramos con otro conductor en el estacionamiento. En este tipo de encuentros, el conductor retrocede y choca contra nuestro coche. El impacto del choque tira el espejo lateral, un inconveniente que (de acuerdo con el otro conductor) tendrá poco impacto en nuestras vidas:

—El espejo central es todo lo que realmente necesitas, querida.

A cada una de estas situaciones podemos responder: "Yo creo que no".

Esto requiere un poco de práctica. Al principio, la posibilidad de un enfrentamiento directo nos puede llenar de temor; pero la práctica, ciertamente, hace al maestro. Y la mayoría de las personas responde bastante bien ante el mantra de la Cabrona Interior pronunciado en voz alta.

—Discúlpeme —le decimos al que se mete en la fila—. No estoy de acuerdo. Creo que yo estaba primero.

—¿*Raison d´Etre*? No, gracias.

Quizá sea necesario protegernos del baño de perfume que inevitablemente sigue al ofrecimiento.

—Yo creo que no. Quiero los datos de su aseguradora —le decimos a nuestro nuevo amigo.

En realidad, ¿qué pueden responder? ¿Alguien va a discutir?

Bien, ciertamente existe un porcentaje de la población que discutirá. Hay muchas personas que se precipitan en una absurda autodefensa del comportamiento injustificable descrito aquí.

¿Nos acobardamos ante esta posibilidad?

Yo creo que no.

El mantra de nuestra Cabrona Interior es especialmente útil cuando nos honran con cuentas absurdas por reparaciones automovilísticas menores, cuando se nos pide "espere, por favor" por enésima vez y cuando otros intentan intimidarnos para hacer cosas por ellos.

De hecho, la frase "yo creo que no" se vuelve más poderosa cada vez que la pronunciamos.

64

CAPÍTULO OCHO

POLÍTICA PERSONAL

La mayor preocupación de nuestra Cabrona Interior es, por su puesto, nuestra vida. El simple hecho de llegar al final del día requiere de tanta energía que nos queda muy poca fuerza para cualquier otra cosa. ¿Lavar la ropa? Debe hacerse,entonces la lavamos. ¿Dormir? Nos moriríamos si no pudiéramos hacerlo. ¿Trabajar? Bueno, nuestra supervivencia frecuentemente depende de la habilidad para proveernos. Se puede comprender muy bien que la mayoría de nosotras no tenga tiempo para dedicarlo a la política. Además, ¿acaso importa?

Pues bien, echémosle un ojo a esto.

PARTE DEL PROBLEMA

Si continuamos ingresando en la vida política al ritmo en que lo hemos venido haciendo hasta ahora, pasarán 300 años antes de que haya un número equivalente de hombres y mujeres en el Congreso.

¿Quién va a escribir leyes en beneficio de las mujeres? Conocemos la respuesta. A la luz de esta verdad, debemos hacer más.

—¿Más? —dices.

Sí, digo yo. Y no estoy hablando de tomar otra actividad o postularnos para el Congreso (o incluso la mesa directiva de la escuela) o hacer algo que nos arroje al agotamiento que amenaza a cada una de nosotras. Estoy hablando de utilizar a nuestra Cabrona Interior para hacer de este mundo algo mejor.

PARTE DE LA SOLUCIÓN

Lo más sencillo es votar con nuestro dinero. Así es, no compres esos productos cuya publicidad subestima a las mujeres, nos insulta o nos eleva a parámetros aun menos realistas de los que ya nos rigen. Esto requiere reflexión y conciencia, y no mucho tiempo. Si las tiendas donde compramos no cuentan con los productos que nos complacen, depende de nosotras hacerles saber nuestra decisión de comprar en otro lugar hasta no ver satisfechas nuestras necesidades.

Podemos apagar el radio cuando un locutor ofensivo empiece a hablar.

Cuando haya un candidato digno de recibir apoyo, podemos asistir a fiestas para recolectar fondos e invitar amigos.

La proxima vez que algún funcionario cuyo trabajo no vele por nuestras necesidades (sabemos quiénes son) nos envíe una carta pidiendo nuestro voto o dinero para postularse de nuevo, podemos devolver la carta con todo y sobre, acompañada de una nota que diga: "Yo creo que no. No hasta ver algunos resultados. Por ahora, dono mi dinero a otro candidato".

El mensaje llegará a su destino. Piensa en esto como si formaras parte en un "Yo creo que no" colectivo. Imagina las posibilidades.

ELLA ES LA CHICA
QUE NO PUEDE DISFRUTAR
EL DULCE SABOR DEL ÉXITO.

"El poder puede tomarse,
mas no otorgarse."

Gloria Steinem

PARTE DEL PROBLEMA

Si continuamos ingresando en la vida política al ritmo en que lo hemos venido haciendo hasta ahora, pasarán 300 años antes de que haya un número equivalente de hombres y mujeres en el Congreso.

¿Quién va a escribir leyes en beneficio de las mujeres? Conocemos la respuesta. A la luz de esta verdad, debemos hacer más.

—¿Más? —dices.

Sí, digo yo. Y no estoy hablando de tomar otra actividad o postularnos para el Congreso (o incluso la mesa directiva de la escuela) o hacer algo que nos arroje al agotamiento que amenaza a cada una de nosotras. Estoy hablando de utilizar a nuestra Cabrona Interior para hacer de este mundo algo mejor.

PARTE DE LA SOLUCIÓN

Lo más sencillo es votar con nuestro dinero. Así es, no compres esos productos cuya publicidad subestima a las mujeres, nos insulta o nos eleva a parámetros aun menos realistas de los que ya nos rigen. Esto requiere reflexión y conciencia, y no mucho tiempo. Si las tiendas donde compramos no cuentan con los productos que nos complacen, depende de nosotras hacerles saber nuestra decisión de comprar en otro lugar hasta no ver satisfechas nuestras necesidades.

Podemos apagar el radio cuando un locutor ofensivo empiece a hablar.

CAPÍTULO OCHO

POLÍTICA PERSONAL

La mayor preocupación de nuestra Cabrona Interior es, por su puesto, nuestra vida. El simple hecho de llegar al final del día requiere de tanta energía que nos queda muy poca fuerza para cualquier otra cosa. ¿Lavar la ropa? Debe hacerse, entonces la lavamos. ¿Dormir? Nos moriríamos si no pudiéramos hacerlo. ¿Trabajar? Bueno, nuestra supervivencia frecuentemente depende de la habilidad para proveernos. Se puede comprender muy bien que la mayoría de nosotras no tenga tiempo para dedicarlo a la política. Además, ¿acaso importa?

Pues bien, echémosle un ojo a esto.

ELLA ES LA CHICA QUE NO PUEDE DISFRUTAR EL DULCE SABOR DEL ÉXITO.

"El poder puede tomarse,
mas no otorgarse."

Gloria Steinem

—Yo creo que no. Quiero los datos de su aseguradora —le decimos a nuestro nuevo amigo.

En realidad, ¿qué pueden responder? ¿Alguien va a discutir?

Bien, ciertamente existe un porcentaje de la población que discutirá. Hay muchas personas que se precipitan en una absurda autodefensa del comportamiento injustificable descrito aquí.

¿Nos acobardamos ante esta posibilidad?

Yo creo que no.

El mantra de nuestra Cabrona Interior es especialmente útil cuando nos honran con cuentas absurdas por reparaciones automovilísticas menores, cuando se nos pide "espere, por favor" por enésima vez y cuando otros intentan intimidarnos para hacer cosas por ellos.

De hecho, la frase "yo creo que no" se vuelve más poderosa cada vez que la pronunciamos.

Vamos de compras al centro comercial. Al entrar en la tienda departamental nos topamos con la obligada proveedora de perfumes, con su veloz atomizador y su discurso ensayado sobre la forma en que esta fragancia cambiará nuestras vidas.

—¿Le gustaría experimentar *Raison d´Etre?* —pregunta.

Quizá nos encontramos con otro conductor en el estacionamiento. En este tipo de encuentros, el conductor retrocede y choca contra nuestro coche. El impacto del choque tira el espejo lateral, un inconveniente que (de acuerdo con el otro conductor) tendrá poco impacto en nuestras vidas:

—El espejo central es todo lo que realmente necesitas, querida.

A cada una de estas situaciones podemos responder: "Yo creo que no".

Esto requiere un poco de práctica. Al principio, la posibilidad de un enfrentamiento directo nos puede llenar de temor; pero la práctica, ciertamente, hace al maestro. Y la mayoría de las personas responde bastante bien ante el mantra de la Cabrona Interior pronunciado en voz alta.

—Discúlpeme —le decimos al que se mete en la fila—. No estoy de acuerdo. Creo que yo estaba primero.

—¿*Raison d´Etre?* No, gracias.

Quizá sea necesario protegernos del baño de perfume que inevitablemente sigue al ofrecimiento.

"El lugar de la mujer
está en la casa, el senado
y la oficina presidencial."

Anónimo

SYLVIA   POR NICOLE HOLLANDER

La mujer se descuida
un poco, avienta
la toalla y mira
lo que sucede.

No soy
perfecta.

4-29

Estuve muy
ocupada

y me olvidé
de Rusia

Cariño, me
alegra que
estés de
nuevo en
acción.

Cuando haya un candidato digno de recibir apoyo, podemos asistir a fiestas para recolectar fondos e invitar amigos.

La proxima vez que algún funcionario cuyo trabajo no vele por nuestras necesidades (sabemos quiénes son) nos envíe una carta pidiendo nuestro voto o dinero para postularse de nuevo, podemos devolver la carta con todo y sobre, acompañada de una nota que diga: "Yo creo que no. No hasta ver algunos resultados. Por ahora, dono mi dinero a otro candidato".

El mensaje llegará a su destino. Piensa en esto como si formaras parte en un "Yo creo que no" colectivo. Imagina las posibilidades.

CAPÍTULO NUEVE

FUERZA DE TRABAJO

El trabajo es lo que hacemos para ganar dinero. En esta sociedad, el dinero equivale a poder. Cuando sufrimos de lindura tóxica, tememos al poder. Nos parece poco atractivo.

Podemos expresar esta creencia en frases como "El dinero simplemente no es importante para mí", pero la realidad es que tememos al poder. Esto puede explicar por qué aceptamos cuando se nos pide trabajar más sin recibir un aumento de sueldo.

Si estamos en contacto con nuestra Cabrona Interior no tememos al poder. Le abrimos las puertas.

También aceptamos la responsabilidad que acompaña al poder. Nos sentimos orgullosas de ser buenas en nuestra labor, y aceptamos con entusiasmo nuevos desafíos. De igual modo abrimos la puerta al dinero, entendiéndolo como una manifestación de la energía que inyectamos en nuestro trabajo.

Merecemos todas las recompensas que nuestras habilidades nos han hecho ganar.

PODER

El poder engendra poder, y el poder puede utilizarse para realizar cambios. Cambios pequeños, grandes cambios.

Todos sabemos eso, pero la pregunta es: "¿Cómo obtenemos poder?"

Bien, podemos estar seguras de que nadie nos lo entregará, por lo tanto, quizá la mejor idea sea seguir los pasos de Lenin, quien dijo: "Miré al poder yacer en la calle y lo levanté". Voltea a tu alrededor. El poder está a nuestros pies, o quizá sobre el escritorio. Quizá haya que buscarlo un poco, dado el estado de la mayoría de los escritorios, pero podemos encontrarlo. Lo vemos todos los días si abrimos los ojos.

¡Levántalo!

"No lo reconozco", ¿dices? A continuación, algunas características del poder que tal vez pasaste inadvertidas.

Trabajo en equipo

El poder se construye a partir del trabajo en equipo (piensa en la Capilla Sixtina). Los equipos se construyen de individuos. Entre más fuertes sean los individuos, más fuerte será el equipo. La lindura tóxica nos enseña que ser parte de un equipo significa estar de acuerdo con todo cuanto dicen los demás. En realidad, ser parte de un equipo requiere que valoremos con honestidad cada situación y que hablemos sobre los problemas.

Imaginación

El poder proviene de la imaginación. Nada se ha creado sin imaginación; ningún problema se ha superado sin imaginación. Nuestra Cabrona Interior no sólo nos pone en contacto con nuestra imaginación, sino que también nos infunde el deseo de manifestarla. Quizá no siempre estemos en lo correcto, pero tener razón no es lo más importante. Hablar sí lo es. Nuestra contribución puede detonar una idea en alguien más, y esa idea puede conducir a una solución o a una invención.

Conocimiento

El poder es conocimiento, y el conocimiento es poder. Cada individuo tiene un conocimiento que nadie más tiene. Combinar el conocimiento de cada uno engendra mayor conocimiento, tal como combinar arroz y frijoles resulta en más proteína.

CÓMO FUNCIONA

Cada lugar de trabajo depende de las personas que laboran juntas hacia un objetivo común, sea sirviendo comida, publicando un periódico, practicando leyes o cualquier otra cosa. Entre más poder infunda cada individuo al logro del objetivo, mayor probabilidad existirá de alcanzarlo.

La lindura tóxica nos drena, dejándonos sin poder. En consecuencia, también drena el poder de cualquier trabajo que emprendemos. Podemos creer que ser linda hará que la gente acate nuestros deseos. Nada puede estar más alejado de la verdad.

Esto no quiere decir que debamos gritar y exigir y darnos demasiada importancia. ¡No, no, no! Recuerda, estar en contacto con nuestra Cabrona Interior no significa abusar de nadie. Tan sólo es saber cuándo ser firmes, cuándo establecer nuestra postura y evidenciar que actuaremos de acuerdo con nuestras convicciones.

RIMA CON RICACHONA

Si es verdad que la gente empieza a llamarte cabrona cuando comienzas a tener éxito, entonces debemos apreciar el que nos llamen cabronas en el trabajo.

Recibir el calificativo de cabrona significa que estamos en lo correcto o que estamos exigiendo excelencia de otros.

De acuerdo con algunas personas, el uso del término "cabrona" ha crecido en proporción directa al número de mujeres que han alcanzado niveles superiores en su campo.

¿Cómo alcanzar la cima en nuestro campo? Haciendo nuestro trabajo muy bien para así avanzar al siguiente nivel. Por lo general, esto requiere de que trabajemos con otras personas para, tarde o temprano, hacernos cargo de lo que ellas hacen.

Si les pedimos a las personas que están a nuestro cargo hacer bien su trabajo, y eso significa esforzarse más que antes, probablemente nos llamarán cabronas.

Si aquellas personas que están a nuestro cargo no hacen su trabajo y los regañamos por ello, nos llamarán cabronas.

Si hemos regañado a esas personas y aun así no hacen su trabajo, sin duda alguna seremos más firmes con ellos la segunda vez. Definitivamente nos llamarán cabronas.

Bien por ellos. Mejor por nosotras.

Porque lo que esto significa en realidad es que conocemos nuestro negocio. Una simple verdad es que no importa con cuánta amabilidad pidamos las cosas, si somos la jefa, somos la cabrona.

¿Cuál es la parte importante del sermón? Nosotras somos la jefa.

"Morimos por confort
y vivimos por conflicto."

May Sarton

CAPÍTULO DIEZ

ENCUENTROS CERCANOS

Está escrito que sucederá. Y aunque a las no iniciadas les suene como un cataclismo potencial, un encuentro entre dos mujeres en contacto con su Cabrona Interior en realidad contiene la posibilidad de ser algo grandioso.

¿Después de todo, qué podría ser mejor, que nuestra Cabrona Interior duplicada? ¿O triplicada, cuadruplicada, aumentada exponencialmente?

Considera esto: Cuando dos de nosotras en contacto con nuestra Cabrona Interior nos encontramos frente a frente, actúa el magnetismo. Podemos sentirnos atraídas o repelidas. De cualquier manera, la dinámica es la siguiente: Ambas estamos reconociendo nuestro poder.

Quizá jamás seamos amigas de las mujeres a cuya Cabrona Interior descubrimos, pero eso es secundario. Lo importante es que, aun si llegamos o no a un acuerdo, incluso si nos sorprendemos ante la habilidad estratégica de la otra mujer, o si nos invade la envidia o alguna otra baja emoción, nueve de cada diez veces, la Cabrona Interior de la otra mujer evocará nuestro respeto y admiración.

Lo mejor es reconocer que el enfrentamiento puede ser estimulante, que el proceso de encarar a otra mujer que está tan segura de su punto de vista como tú del tuyo es una oportunidad para clarificarse. Un encuentro cercano con la Cabrona Interior de alguien más no debe temerse, es algo a lo que hay que dar la bienvenida.

Quizá lo más importante sea que existe un potencial de gran vitalidad en esas interacciones en las que nuestra Cabrona Interior se reúne con su igual. Es fácil estar con gente que concuerda con nosotros; es cómodo y disminuye nuestra fuerza. Esto puede ser muy peligroso: llevarse bien con todos en nuestras vidas se convierte en un hábito, y Actuar Lindo nos vuelve a atrapar, reiniciando la espiral hacia la lindura tóxica. El siguiente paso es disculparnos por todo, esperar junto al teléfono los sábados por la noche y comernos el pastel entero.

¿Es eso lo que queremos?

"Estoy en el mundo
para cambiar el mundo."

Muriel Rukeyser

APÉNDICE A

LA CABRONA QUE HAY EN TODA MUJER

La Cabrona Interior se manifiesta en muchos arquetipos. En diferentes momentos, tu propia Cabrona Interior puede parecerse a cualquiera de estos iconos de poder femenino:

KARA

La reina cisne de las Valquirias. Kara apabullaba a sus enemigos utilizando sólo el sonido de su voz. Una cabrona a la que hay que tomar en cuenta, especialmente por teléfono. Todos, incluidos sus mejores amigos, saben que no tiene pelos en la lengua.

LILITH

Lilith iba a ser la primera esposa de Adán, pero le echó un vistazo y dijo: "Yo creo que no". Así que huyó hacia las orillas del Mar Rojo, donde pasó sus días apareándose con quien le placía, dando a luz a cientos de niños cada día. No hace falta decir que, con ese nivel de fecundidad, algo del ADN de Lilith debe de transitar por cada una de nosotras.

CATALINA DE MEDICI

Cuando se casó con uno de los reyes Luis de Francia, Catalina llevó consigo a 18 de sus cocineros italianos favoritos. ¿Pueden imaginarse las sobras? Y su casa era su castillo: insistió en que todos en la Corte utilizaran tenedores para comer, en lugar de las manos. Sí, mamá.

KATHARINE HEPBURN

Fuerte, insolente y muy digna. Jamás supo que a las mujeres se les consideraba como el sexo débil. La próxima vez que te encuentres con un vendedor molesto, *sé* Katharine Hepburn.

LYSISTRATA

Reconocida organizadora griega. Persuadió a las mujeres de su ciudad–estado a suspender las relaciones sexuales hasta que los hombres dejaran una guerra por demás ridícula. La clave aquí es que Lys se reunió con mujeres que pensaban como ella. Imagínate lo que podríamos hacer en el Congreso...

BUFFY, LA CAZAVAMPIROS

Ella es la porrista estrella y cazavampiros reencarnada. Está en muy buena forma y tiene un agudo sentido de la moda. Buffy no cree en patrañas.

Para apuntalar tu valor al expresar esa frase llena de poder, "Yo creo que no", invoca a cualquiera de estos grandes modelos en cualquier momento.

"Macho
no significa
mucho."

Zsa Zsa Gabor

APÉNDICE B

...Y LOS HOMBRES QUE LA AMAN

Sólo para dejar constancia, la idea de que las mujeres que están en contacto con su Cabrona Interior odian a los hombres o desean ser hombres o quieren ser como ellos puede calificarse con una palabra: TONTA. Tenía que aclarar el punto.

No, este capítulo es sobre los hombres que realmente admiran a las mujeres que están en contacto con su Cabrona Interior. Todas conocemos a hombres así; normalmente viven con nuestras amigas. Está bien, quizá tú vivas con un hombre como éste.

La cuestión es que existe un nombre para llamar a los hombres así: Príncipe (como en *Un Príncipe entre los hombres*).

Un príncipe comprende la esencia de la Cabrona Interior. La entiende.

UN PRÍNCIPE NO ES UN DOMINANTE

Dominantes son los hombres que creen que el machismo es la mayor manifestación de energía masculina. Son los hombres que nos dejan plantadas. Los hombres que cada vez reducen más la edad límite de las chicas con las que salen, hasta que sus hijas y sus novias tienen la misma edad. Los hombres que no trabajarían para una jefa.

Un Príncipe es un hombre real, es decir, un verdadero ser humano.

¿QUIÉN ES UN PRÍNCIPE?

He aquí cómo reconocer a un Príncipe:

- Un Príncipe asume de verdad toda su parte de responsabilidad en la crianza de los niños;

- Un Príncipe entiende por qué los anuncios de cerveza son ofensivos (sabes a cuáles me refiero);

- Un Príncipe jamás dará por hecho que nos encargaremos por completo de preparar la comida;

- A la inversa, un Príncipe no asumirá nuestra incapacidad para cambiar una llanta ponchada;

- Un Príncipe ofrece aliento, más que consejos;

- Un Príncipe sabe lo que sabe. Y, al mismo tiempo, sabe qué no sabe. No es un bravucón estúpido. De hecho, un Príncipe se da cuenta de lo atractivo que puede ser decir: "No lo sé".

¿DE DÓNDE VINO?

Pues bien, si tenemos una Cabrona Interior que es una parte natural de nosotras, podemos deducir que también existe un Príncipe Interior.

Así como la mayoría de las mujeres ha sido adiestrada en los caminos de la lindura tóxica, a los hombres se les ha instruido en lo que sea que los esté infectando. Existen muchos nombres para ello; elige uno. Si has hecho tu tarea de Cabrona Interior, lo más probable es que no necesites ser cruel. El punto es entender la dinámica que está en juego: A los hombres se les han enseñado conductas que tal vez sean contrarias a su verdadera naturaleza.

NATURALEZA FRENTE A CRIANZA

La experiencia me dice que se requiere de mucho trabajo para que un hombre se convierta en Príncipe, pero que la materia elemental ha estado ahí desde el principio.

Y escucha esto: incluso el hombre más macho tiene la capacidad de convertirse en un Príncipe.

91

VALORA TU COEFICIENTE DE PRÍNCIPE (CP)

Supongamos que eres un hombre que intuye la existencia de su Príncipe Interior, y quieres medir lo activo que es este aspecto de tu ser. A continuación, una pequeña prueba:

1. A las mujeres les gusta que las llamen "nenas".

   De acuerdo/En desacuerdo

2. Cuando una mujer es asertiva, la considero una cabrona.

   De acuerdo/En desacuerdo

3. Cuando voy a algún lado con una mujer en un coche, yo manejo.

   Siempre/La mayoría de las veces/Rara vez/Algunas veces/¿En el coche de quién?

4. Sé cómo lavar y planchar la ropa.

   Verdadero/Falso/¿Para qué molestarse? Mi mamá lava la ropa.

5. Tuve una reacción emocional al ver la película *Campo de sueños*.

   Verdadero/Falso/No la vi

INTERPRETACIÓN DE TUS RESPUESTAS

Pregunta 1

Si contestaste "De acuerdo" y tienes menos de 65 años, podemos apostar, sin temor a equivocarnos, a que no eres un Príncipe muy desarrollado (−10 puntos).

Sin embargo, si basaste tu respuesta en el hecho de que a tu mamá y a sus amigas les gusta que las llamen "nenas", esto revela un nivel de sensibilidad que implica la condición de Príncipe (+2 puntos).

Si contestaste "En Desacuerdo", toma un momento para pensar en la razón por la que elegiste esa respuesta. ¿Es porque las mujeres te han corregido cuando las has llamado "nena"? (+2 puntos)

¿O tu respuesta se basó en pensamientos que has tenido sobre la importancia del lenguaje, y llamar a las mujeres "nenas" no sólo es incorrecto, sino también insultante? (+ 10 puntos)

Pregunta 2

Si estuviste de acuerdo, define la palabra "asertivo" (−10 puntos si tus definiciones para hombres y para mujeres son distintas; +10 puntos si estás en desacuerdo).

Pregunta 3

"¿De quién es el carro?" es la pregunta que un Príncipe haría (+10 puntos).

"Rara vez" indica la condición de un Príncipe sólo si tú tienes un coche (+7 si posees un coche, –10 si no).

"Algunas veces" parece equitativo (+5).

"La mayoría de las veces" puede implicar que tienes un gran auto (propicio para llevar a muchas personas o cosas) o que tienes un carro estupendo en el que todo el mundo quiere subirse (0 puntos). También puede significar que la mayoría de tus amigas no tiene auto propio. Entonces, tú eres generoso y siempre las paseas. Esperamos que tus amigas paguen la gasolina (+ 10).

Si tu respuesta fue "siempre", realmente debemos analizar las razones por las que así es. Pero la respuesta no favorece a tu Coeficiente de Príncipe (–10).

Pregunta 4

Está bien, ésta era una especie de pregunta capciosa, y no añadiremos ni restaremos puntos por ella; en realidad, yo no sé lavar la ropa. Y soy irremediablemente mala para planchar. Formulamos ésta para ver si alguien estaba poniendo atención. Por supuesto, si estás en la secundaria y tu mamá te lava la ropa, está bien.

Pregunta 5

Otra pregunta capciosa. ¡Todo el mundo tiene una reacción emocional ante esa película! "Reacción emocional", después de todo, cubre un gran territorio (0 puntos; no importa si lloraste o no). Si no la viste, estás disculpado y puedes tomar 2 puntos extra.

RESULTADOS

Si tu puntuación fue de 32, eres un Príncipe completamente desarrollado y en contacto contigo mismo.

Si tu puntuación fue de 29, tienes un alto coeficiente de príncipe.

De 19 a 21 constituye un rango medio para el coeficiente de príncipe.

Una puntuación de –32 muestra un coeficiente de príncipe muy bajo. El hecho de que te hayas sometido a esta prueba, sin embargo, es un signo esperanzador, porque la conciencia es el primer paso. No te descorazones, no existe un caso irremediable. Puedes mejorar tu coeficiente.

ESTABLECE CONTACTO
CON TU PRÍNCIPE INTERIOR

Todas las cosas en este libro que se aplican a las mujeres en contacto con su Cabrona Interior también se aplican a los hombres en vías de convertirse en Príncipes. Para detallar un poco:

1. Cuando percibas una condición de abuso, no te disculpes dando explicaciones, llámala por su nombre. Incluso (o quizá particularmente) cuando se trate de tu propio abuso.

2. Si el deseo de actuar como un macho (*ver arriba*) es abrumador, sólo di: "Yo creo que no. Contrólate, amigo". Esto funciona muy bien, porque equivale a tomarse el tiempo de responder cuidadosamente.

3. Aprende a distinguir la diferencia entre ser amable y ser paternalista. Por ejemplo, es amable decir "¿Puedo ayudar?" cuando ves a alguien luchando por llevar a cabo algo, como meter en la cama a dos niños pequeños. Mostrarse paternalista es decir "¿Sabes?, cuando acuesto a los niños, sólo los envuelvo y apago la luz".

4. Súbele el volumen a la voz de tu Príncipe Interior. Siempre ha estado ahí, murmurándote cosas como "realmente está bien querer pasar tiempo con mis hijos".

   Nota: Un hombre que pasa tiempo con sus hijos está ejerciendo su función de padre, no la de una niñera.

5. Reconoce que tu Príncipe Interior y mi Cabrona Interior se encuentran sobre una base sólida y nivelada de igualdad.

Sólida y nivelada es una base maravillosa sobre la cual construir.

"El éxito engendra
confianza."

Beryl Markham

APÉNDICE C

CABRONA EN DIEZ MINUTOS

Éstas son algunas cositas que podemos hacer durante el día para agudizar los reflejos reprimidos por la inmersión en la amabilidad tóxica. Como sucede con cualquier tipo de ejercicio, cuanto más las practiquemos, más fáciles serán. Considérenlas como parte de un entrenamiento básico.

MIRARSE A LOS OJOS

Párate frente a un espejo y mírate a los ojos. Piensa en la última vez que alguien te pidió algo absurdo. Para la mayoría de nosotras, esto habrá sucedido en las últimas 24 horas. Algo realmente absurdo, como la vez que tu prima se fue a la India durante un mes en busca de meditación intensiva y te pidió que alimentaras a sus gatos todos los días. A pesar de que esto requería manejar por una hora, tú dijiste que sí, ¿no es cierto?

Imagina que te lo vuelve a pedir. Escucha su voz, ve su cara. Ahora sonríe y dile: "Yo creo que no, prima Menakshi".

Esto es especialmente instructivo, porque mientras recuerdas estas peticiones absurdas (hayas o no accedido a ellas), el patrón puede aclararse ante tus ojos. Éstas son las áreas en las que la lindura tóxica es particularmente fuerte en tu vida. Esta información es importante porque la conciencia es el primer paso para erradicar comportamientos no deseados.

ELEGIR CON NUESTROS BOLSILLOS

Reúne todas las revistas que tengas en la casa. Repásalas hoja por hoja y arranca cualquier publicidad que te resulte ofensiva. No necesitas justificar el sentimiento, sólo reconócelo. Una vez que tengas todas esas páginas reunidas (probablemente constituirán una gran pila), llévalas contigo a la tienda la próxima vez que vayas de compras. ¿Queremos darle nuestro dinero a esas compañías? Yo creo que no. Tarde o temprano entenderán el mensaje.

ME AMO; CREO QUE SOY GRANDIOSA

¿Te acuerdas de todos esos libros y artículos sobre dietas que has acumulado durante años?

Destrúyelos. Cada día arranca unas cuantas páginas para quemarlas en el fregadero, mientras dices: "Soy adulta. Yo elijo lo que como". Si no crees que luces bien, adopta una alternativa razonable. Todos tenemos suficiente información sobre la forma en que nuestros cuerpos trabajan de verdad; utiliza la que te sirva. Pero lo más importante es simplemente decir "yo creo que no" ante el ideal poco realista que todos los demás fijan para nosotras. Las mujeres deben verse como personas, no como espantapájaros.

LOS DIEZ MÁS BUSCADOS

Haz una lista de todas las personas que se han aprovechado de tu inmersión en la lindura tóxica. No importa si fueron manipuladores, maliciosos o malos, porque su comportamiento no es el punto. El tuyo sí lo es. Una vez a la semana elige a una de esas personas y bosqueja la situación que aconteció con ella.

Ahora, recréala en la forma en que te hubiera gustado que sucediera, poniendo especial atención en tu conducta. No tengas miedo; nadie va a ver esto jamás. El proceso es éste: al reescribir nuestra historia personal somos capaces de cambiar nuestro presente y nuestro futuro. Saber lo que hubiésemos deseado hacer en una situación nos prepara para la siguiente vez. Y siempre hay una próxima vez.

CON UNA AMIGA

Esto es entrenamiento intensivo. Elige a una amiga que realmente conozca tu vida. Siéntense una frente a otra con los pies apoyados sobre el suelo y los brazos relajados a los lados. Una debe ser el receptor y la otra el emisor. El emisor hace una lista de todas las cosas a las que le hubiera gustado decir "yo creo que no". El receptor entonces repite la lista, dando al emisor la oportunidad de decir "yo creo que no" en voz alta.

El receptor añade un par de cosas ante las cuales le hubiese gustado escuchar que el emisor dijera "yo creo que no" (como aquel permanente que arruinó su cabello).

LA PODEROSA CANCIÓN DE CUNA

No sé ustedes, pero el tiempo que paso en la cama justo antes de dormirme siempre ha sido de reflexión. Solía funcionar de esta manera: me acostaba pensando en todas las cosas espantosas que había hecho, empezando desde la preprimaria, y me flagelaba por ello. De hecho, algunas veces me sentía tan mal conmigo misma que no podía conciliar el sueño durante horas, porque una cosa me llevaba a otra y, en el momento en que me sentía lo suficientemente exhausta como para quedarme dormida, había llegado el momento de levantarme. No hace falta decir que esos no eran mis mejores días.

Creo que he encontrado una mejor manera de lidiar con este tiempo de reflexión. Pienso en todas las cosas que he hecho bien en mi vida, como todas esas veces en que he puesto atención a mi Cabrona Interior, y las veces en que me he salido de la espiral de la lindura tóxica. Me quedo dormida con una sonrisa en el rostro. Y cuando despierto en la mañana, me siento poderosa.

Pensé que sería bueno compartir esto con ustedes.

ACERCA DE LA AUTORA

Elizabeth Hilts es editora de un semanario alternativo. Su trabajo también aparece regularmente en periódicos alternativos de Estados Unidos.

Desde que Elizabeth esclareció el concepto de Cabrona Interior para el primer número de la revista *Hysteria*, se ha presentado en diversas estaciones de radio de su país para analizar este concepto al aire.

Para Elizabeth, el pináculo (o nadir, no está segura de cuál) de la Cabrona Interior fue cuando Rush Limbaugh la vituperó en su programa de radio durante varias semanas. No hace falta decir que Rush no comprendió lo esencial.

Elizabeth ha formado una compañía llamada *Inner Bitch Professional Communications* donde desarrolla talleres y seminarios dedicados al surgimiento de la Cabrona Interior en toda mujer. La autora se encuentra disponible para hablar en público. Contáctala a través de Hysteria Publications (203) 333-9399 de Estados Unidos o al correo electrónico:

hysteria@bridgeport.com

A Elizabeth le gustaría ver que este libro llegara a toda mujer que quiera reír estrepitosamente y decir lo que piensa.